AF581412

Recueil

des principaux Statuts
arrets et reglements du
corps de la Bonneterie
un des six corps des
Marchands a Paris

Année 1756.

du contenu en ce recueil

Pour droit de visitte 31

Arrest du conseil du 1er aoust 1718 portant levée de trois sols par semaine, sur chaque metier et ordonne que les marchandises venues du dehors seront conduittes a la Douane . 33

Lettres patentes du 26 avril 1716 portant reunion des maitres bonnetiers [illegible] . . 37

Arrest du conseil du 12 juillet 1717 portant reglement pour les bas de laine et autres ouvrages frappés au metier . . 41

Arrest du 16 8bre 1717 portant reglement pour la fabrique, le poids et la teinture des bas et ouvrages de soye au metier 45

Ordonnance de police qui confirme une saisie faitte sur le sr Desprez bourgeois de ~~Lyon~~ Lyon faitte 13 7bre 1718 etc. 49

Sentence de police 7e 8bre 1718 qui deffend entre autres choses d'avoir deux boutiques et magazins 50

Declaration du 18 fevrier 1720 qui concerne les marchands fabriquants 51 augmente le droit de 30s. et 30s. sur les metiers a [illegible] 59

Arrest du conseil du 8 Juillet 1721 qui deffend la fabrique des bas d'estame en deux [illegible] 63

Autre du 28 avril 1721 concernant l'entrée des marchandises de bonneterie et ce qui doit être observé par les commis . . 67

Autre du 15 avril 1723 portant réunion de la communauté des fabriquans de bas au metier au corps des marchands bonnetiers 69

Arrest de la cour du parlement du 30 avril 1723 portant enregistrement des lettres patentes sur cette réunion . . . 73

Sentence de police du 25 mars 1724 portant entre autres choses deffenses aux ouvriers de [illegible] pour [illegible] 77

Arrest du conseil du [illegible] avril 1724 portant deffenses de [illegible] des metiers a faire bas et les ordonne la declaration au bureau a chaque mutation 79

Ordonnance du 15 may 1725 [illegible] 83.

Arrest du conseil du 24 [illegible] 1728 concerne

Autre Ordonnance du 30 Juillet 1746 au Siège de l'article 48 du reglement du 16 Juillet 1743 — — 153

Sentence de Police qui condamne la femme Mondé deux quidams Pierre et quidame au bannissement du Siège pour Rebellion 1er 7bre 1747. — — — 155.

Arrest du Conseil du 23 mars 1754 qui permet d'établir des metiers à faire bas dans tous les Lieux du Royaume en se conformant aux reglemens rendus à ce Siège. — — — — — 157.

Lettres Patentes du 24 Decembre 1754 qui suspend l'Execution du Reglement de 1748. [illegible] aux [illegible] — — 159.

ARREST

DE LA COUR DE PARLEMENT,

Du vingtiéme jour d'Aoust 1575.

HENRY par la grace de Dieu, Roi de France & de Pologne : A tous ceux qui ces présentes Lettres verront, Salut; ſçavoir faiſons, que comme de deux Sentences données par notre Prevôt de Paris ou ſon Lieutenant : la premiere du vingt-quatriéme Septembre mil cinq cens ſoixante-neuf, entre les Maîtres Jurés & Gardes du Métier & Communauté des Maîtres Marchands Bonnetiers, Aulmuſſiers & Mitonniers en la Ville de Paris, Demandeurs en ſaiſies & arrêts d'une part, & Antoine Billaud, Jean Pillet, Claude Guyard, Pierre de Compans, Philippes Auvray, Pierre Achet, Helie Anſſel, Pierre Plantchoux, Oudin Gallopin, Jean Ponthier & Jean Pierſon, Marchands Merciers & Bourgeois de Paris, Défendeurs & oppoſans d'autre; & encore les Maîtres & Gardes de la Marchandiſe de Mercerie, Groſſerie & Jouallerie d'une part; & Jean Choppin, Maître Bonnetier audit Paris, Défendeur & oppoſant, Charles Oudamp, Guillaume Godiert, Gervais Jobert, & Pierre Chaſelles, Maîtres Bonnetiers à Paris, & Jurés dudit Métier, joints avec ledit Choppin d'autre : Oui le Subſtitut de notre Procureur General au Châtelet dudit Paris, après que leſdites deux Inſtances auroient été vûes enſemblement, avons dit qu'elles demeureroient jointes, & ſeroient jugées par une même Sentence; & faiſant droit ſur icelles en tant que leſdits Jurés Bonnetiers étoient demandeurs : que défenſes étoient faites auſdits Billaud & conſors, & autres Merciers de ladite Ville de Paris, expoſer en vente & étaller en leurs Ouvroires en détail aucuns bonnets, ſoit de laine ou drap, de quelque choſe que ce ſoit, ne autre choſe des circonſtances & dépendances dudit Etat & Métier de Bonnetiers, ains les vendre ſeulement par ſixains entiers, & en groſſes ſous corde ſur les peines portées par les Ordonnances deſdits Bonnetiers, & néanmoins la marchandiſe ſaiſie à la requête deſdits Jurés Bonnetiers ſur leſdits Billebault & conſors, à eux rendues par proviſion, leur demeureroit purement & ſimplement ſans dépens adjugés, & interêts ; & pour le regard de la ſaiſie faite à la requête deſdits Maîtres & Gardes de Mercerie ſur ledit Choppin, déclare ladite ſaiſie tortionnaire & déraiſonnable. Ordonne que les bonnets prins ſur ledit Choppin, lui ſeroient rendus & reſtitués, & condamné leſdits Maîtres & Gardes de la Mercerie ès dépens, dommages & interêts. La deuxiéme du trente-uniéme & dernier Decembre mil cinq cens ſoixante-neuf, entre leſdits Maîtres Jurés Bonnetiers, Demandeurs en deux Inſtances jointes enſemble par notredit Prevôt, d'une part. Jean Antheaume, Claude Guyard, Jean Julliet, Jean Potier,

Philbert Julliet, François Habert, Jean Berson, Helie Conseil, Berthin Bonnet, Antoine de Lorme & Amel Mesneyron, Marchands Merciers en ladite Ville de Paris, Défendeurs en la premiere desdites Instances, Jean Segneville & François Hubert, Marchands Merciers, Défendeurs. En la deuxiéme desdites Instances d'autre, par laquelle notre Prevôt oui aussi le Substitut de notredit Procureur General audit Chastelet, auroit déclaré les saisies & arrêts faits à la requête desdits Jurés Bonnetiers par le Commissaire le Fevre, les Jeudy vingt & Mardy vingt-cinquiéme du mois d'Octobre audit an, bons & valables, & condamne chacun desdits Défendeurs en huit sols parisis d'amende, moitié envers nous, moitié envers lesdits Maîtres Jurés Bonnetiers, en payant lesquels par chacun desdits Merciers, Défendeurs, leurs marchandises saisies leur seroient rendues sans confiscation pour ladite fois; & fait défenses ausdits Merciers ne faire ni exposer en vente à découvert en leurs Ouvroirs par piece & en détail, aucuns bonnets, chemises, chausses, chaussons, mitaines ni autres ouvrages faits à l'aiguille appartenans audit Métier de Bonnetier, ains seulement en vendre par sixaine & sous corde; aussi inhibé & défend d'entreprendre aucune Manufacture sur ledit Métier de Bonnetier, sur les peines contenues en nos Ordonnances & Arrêts sur ce intervenus, & condamne lesdits Merciers ès dépens; eût été de la part d'Antoine Billaud, Jean Julliet & consors, appellé à notre Cour de Parlement, en laquelle partie ouye est en leur cause d'appel, & desdits deux procès par écrit, concluds & reçûs ; pour juger ſe bien ou mal, auroit été appellé, joint les griefs hors le procès. Prétendus moyens de nullité, & production nouvelle deſdits appellans, qu'ils pourroient bailler dans le tems de l'Ordonnance, auſquels griefs & prétendus moyens de nullité, leſdits Intimés pourroient répondre, & contre ladite production nouvelle, bailler contredits aux dépens deſdits Appellans : icelui procès vû. Griefs, réponſes à iceux, & productions nouvelles deſdits appellans. Contredits & ſalvations d'icelles. Requêtes deſdits Jurés Bonnetiers, du quatorziéme Août mil cinq cens ſoixante-dix, tendant afin que leſdits procès fuſſent jugés, ſans avoir aucun égard aux pieces qui défailloient, & que leſdits Merciers avoient fait retirer deſdites productions. Requêtes deſdits Maîtres & Gardes de la Marchandiſe de Mercerie, du vingt-cinquiéme Janvier mil cinq cens ſoixante-douze, à ce qu'en jugeant leſdits procès par le même Arrêt, défenſes fuſſent faites auſdits Maîtres Bonnetiers de ſe plus mêler du fait de Mercerie, & acheter, vendre ni étaller chauſſes, chemiſes, camiſolles, bonnets, gands, jartiers, ceintures, & autres ſortes de merceries, ſur peine de confiſcation de ladite marchandiſe, & d'amende arbitraire, à ce qu'auſdits Maîtres Jurés Bonnetiers & nuls autres, par Ordonnance du treiziéme Août. Requête deſd. Maîtres Jurés Bonnetiers du neuviéme Mai mil cinq cens ſoixante-douze, par laquelle leſdits Maîtres Jurés Bonnetiers auroient déclaré qu'ils n'avoient entendu & n'entendoient entreprendre le débit de ceintures & jarretieres &

autres ouvrages de Mercerie ; mais au regard des bonnets, chemises, chausses & gands de soye, que la vente & débit leur en appartenoit, & leur étoit adjugé par lesdites Sentences dont étoit appel, dont auroit été dicerné acte ausdits Bonnetiers, & ordonne icelle être mise au sac, pour en jugeant le procès y faire droit, ainsi que de raison. Requête des Ouvriers de chemises de laine, chaussons, bas de chausses de soyes, bas d'estame, demeurans au Fauxbourg Saint Marcel lez Paris, & autres lieux, du seiziéme Juin mil cinq cens soixante-douze, tendant afin qu'il leur fût loisible de vendre & débiter leurs marchandises, & Manufacture à toutes personnes, même ausdits Merciers. Requête desdits Jurés Bonnetiers, du dix-neuviéme Juin mil cinq cens soixante-douze, par laquelle ils auroient déclaré qu'ils n'auroient oncques empêché & n'empêchoient que lesdits Ouvriers ne pussent vendre en leurs maisons leursdites marchandises à qui bon leur sembleroit. Arrêt du dix-septiéme jour de Mars mil cinq cens soixante-treize, par lequel auroit été dit avant de proceder au jugement diffinitif desdits procès, qu'il seroit informé d'office sur de certains faits qui seroient extraits desdits procès, & sur iceux oui douze nobles Bourgeois de ladite Ville de Paris, non suspects ni favorables aux parties, & n'ayant aucun interêt, pour ce fait, & rapporté pardevers notredite Cour, & communiqué à notredit Procureur General, ordonner ce que de raison. Enquête faite suivant ledit Arrêt rendu pour juger, le vingt-uniéme jour de Juin dernier, & les parties appointées à ouir droit à huitaine ; ladite enquête faite d'office. Conclusions de notredit Procureur General, & tout diligemment examiné. NOTREDITE COUR, par son Jugement & Arrêt, a mis & met lesdites appellations & Sentences, desquelles a été appellé au néant, sans amende & dépens desdites causes d'appel : en émendant icelles, a permis & permet ausdits Maîtres Bonnetiers faire des bonnets, camisolles, chausses, chaussons, gands, mitaines, & tous autres ouvrages de bonneteries : interdit & défendu ausdits Maîtres Merciers la manufacture de tous les susdits ouvrages, soit qu'ils soient faits de laine, estain, cotton ou soye : a aussi permis & permet ausdits Bonnetiers pouvoir étaller, vendre & débiter, tant en gros qu'en détail, & piece à piece, lesdits bonnets, camisolles, chausses & chaussons, gands & mitaines, & les autres ouvrages de bonneterie faits en la Ville de Paris, Fauxbourgs & Banlieue d'icelle, tant de laine que de cotton, estame & soye, & autres especes, & d'icelles inhibé & défendu ausdits Merciers l'étallage & débit piece à piece ; & permet ausdits Merciers seulement vendre lesdits ouvrages en gros, sixains & sous corde ; & au regard desdits ouvrages de bonneterie faits de laine, cotton & estame apporté de dehors en ladite Ville de Paris, en a aussi permis l'étallage & débit en gros, & piece à piece ausdits Bonnetiers, & icelui permis ausdits Merciers en gros, sixaines & sous corde seulement ; & quant aux ouvrages de bonneteries de soye apporté de dehors, en a permis & permet l'étallage & débit tant en gros qu'en détail, & piece à piece, tant aufdits Bonnetiers que Jurés Merciers. A auffi notredite Cour inhibé & défendu aufdits Merciers bailler la moitié ou autres efpeces aux Ouvriers, pour faire aucuns ouvrages de bonneterie pour eux. Pourront néanmoins vendre leurs laines, foyes & autres marchandifes aufdits Ouvriers; & pour l'entretenement du Reglement fufdit, notredite Cour a permis & permet aufdits Maîtres Jurés Bonnetiers vifiter lefdits ouvrages de bonneterie faits en ladite Ville & Fauxbourgs de Paris, feulement étant ès maifons defdits Merciers, appellés avec eux deux des Jurés Merciers, ou à leur refus un Commiffaire du Châtelet de Paris; en ce toutefois non compris les Merciers de notre Palais audit Paris, lefquels notredite Cour n'a entendu & n'entend comprendre au Reglement fufdit; & faifant droit fur ladite Requête du douziéme Janvier mil cinq cens foixante-douze, a inhibé & défendu aufdits Marchands Bonnetiers de vendre ceintures & jartiers, & autres ouvrages de mercerie non appartenans au fait de bonneterie; & en tant que touche ladite Requête du feiziéme Juin mil cinq cens foixante-douze, notredite Cour a permis & permet aufdits Ouvriers de Bonneterie demeurans au Fauxbourg S. Marcel & autres lieux de ladite Ville de Paris & Fauxbourgs d'icelle, vendre & débiter leurs marchandifes à qui bon leur femblera, même aufdits Merciers; & fi a notredite Cour ordonné & ordonne que les marchandifes refpectivement faifies feront rendues fans dépens, dommages & interêts; & pour ce regard, a néanmoins condamné & condamne lesdits Merciers en la moitié des dépens de la Cause principale , la taxation d'iceux pardevers Elle se réservée. En témoin de ce Nous avons fait mettre notre Scel à ces Présentes. Donné à Paris en notre Parlement le vingt-cinquiéme jour d'Août , l'an de grace mil cinq cens soixante-quinze, & de notre Regne le deuxiéme. Par Jugement de la Cour. *Signé* DU TILLET , avec paraphe , & scellé du Grand Sceau de cire jaune.

De l'Imprimerie DE KNAPEN, au bas du Pont S. Michel 1754.

www.ingramcontent.com/pod-product-compliance
Lightning Source LLC
LaVergne TN
LVHW050510160826
845677LV00003B/1048

* 9 7 8 2 3 2 9 6 3 2 4 3 8 *